Salem

lieben lernen

Der perfekte Reiseführer für einen unvergesslichen Aufenthalt in Salem inkl. Insider-Tipps und Packliste

Maria Schweiger

✈ INHALT

Das erwartet Sie in diesem Buch

Sie wollen also nach Amerika reisen. Sie planen, verwerfen, beraten sich mich Freunden und Familie. Sicher werden Ihnen enthusiastisch die beliebtesten und bekanntesten Städte der USA vorgeschlagen: „Oh, New York? Fantastische Stadt, da war ich letztes Jahr auch." „Los Angeles soll toll sein, habe ich gehört, mein Bruder fliegt in zwei Monaten hin!"

Aber was ist, wenn Sie alle Empfehlungen zur Seite schieben und kundtun, dass Sie nach Salem im

Bundesstaat Massachusetts wollen?

„Salem? Noch nie von gehört.", „War da nicht was mit Hexen?", „Warum ausgerechnet Salem?"

Ja, warum ausgerechnet Salem an der Ostküste der USA? Wenn auch durch seine reiche Geschichte bekannt, denkt man bei einer Amerikareise bzw. einem Urlaub wohl nicht direkt an das 25 km von Boston entfernte Salem. Aber gerade das ist ja die Essenz des Reisens; Orte entdecken, die sonst niemand sieht, etwas Besonderes und Fremdes erleben. Natürlich ist Salem kein unentdeckter Planet, doch vor allem in Deutschland ist dieses Reiseziel kaum bekannt. Was Salem zu einem Geheimtipp macht und warum die Stadt mehr ist als nur eine Halloween-Attraktion, erfahren Sie in diesem Reiseführer. Neben Informationen über Salems interessante Geschichte, Sehenswürdigkeiten, Attraktionen und Events können Sie sich auch über Tipps, um Geld zu sparen, und Berichte über die besten Unterkünfte, Restaurants und vieles mehr freuen. Lassen Sie sich von der Küstenstadt überzeugen – Sie werden es nicht bereuen.

Allgemeine Reiseplanung

Zu Anfang eine kurze Zusammenfassung der wichtigsten Dinge, die Sie bei einer Reise nach Salem beachten sollten. Die beste Zeit, um Salem zu entdecken, ist September bis Oktober. In diesen Monaten läuft das Halloween-Geschäft auf Hochtouren, viele Geschäfte und Institutionen bieten Extraführungen oder neue Shows an und die ganze Stadt ist geschmückt mit Kürbissen, Hexenfiguren und Kerzenlichtern. Außerdem sind dann alle Bäume der Stadt herbstlich orange gefärbt und machen sich toll auf Fotos!

Wenn Ihnen diese stark touristische Seite jedoch eher nicht zusagt, sollten Sie zwischen Mai und Anfang September nach Neuengland fliegen. Dann ist nicht ganz so viel los auf den Straßen und es herrschen warme Temperaturen, die vor allem nah am Meer angenehm sind.

Salem ist am besten über den Flughafen in Boston zu erreichen. Von Boston aus ist es leicht, innerhalb einer Stunde mit dem Zug Richtung Newburyport /Rockport Line direkt nach Salem zu fahren. Etwas günstiger ist es, mit der Buslinie 450 Richtung Salem Depot zu fahren, das dauert allerdings eine knappe Stunde.

Da sich Salem gut zu Fuß erkunden lässt und es auch in der Stadt gute Zug- und Busverbindungen gibt, ist es nicht unbedingt nötig, sich einen Leihwagen zu mieten. Sie haben aber die Möglichkeit, mit Scootern durch die Stadt zu fahren. Diese können mit der Spin Scooter-App aus dem App Store gemietet werden – einfach die App runterladen, ein Konto erstellen und los gehts. Die App zeigt Ihnen an, wo sich der nächste Scooter befindet. Wer lieber mit dem Fahrrad unterwegs sein möchte, kann sich eines von Zagster nehmen, einem Bike-Share-Service, der Fahrräder an 18 Standorten in Salem anbietet. Auch hierfür müssen Sie sich lediglich die Zagster-App runterladen und können dann eines der Fahrräder mieten.

Die Stadt bietet das ganze Jahr über viele spannende oder lehrreiche Besichtigungen an, ein paar der Attraktionen und Museen sind allerdings in den Wintermonaten geschlossen, weshalb es ratsam ist, sich im Vorfeld online nach den Öffnungszeiten zu erkundigen. Zudem ist es oft günstiger, vorher online Tickets für Events zu bestellen, anstatt sie vor Ort zu kaufen. Das gilt insbesondere für größere Reisegruppen.

Die Geschichte Salems

Um die Stadt Salem, ihre Identität und ihre Besonderheiten zu verstehen, ist es essenziell, sich mit ihrer Geschichte auseinanderzusetzen. Keine Sorge – die ist keineswegs trocken oder langweilig, sondern nimmt einen wichtigen Platz in der amerikanischen Landesgeschichte ein und prägt den Ort bis heute.

Die Stadt wurde 1626 an der Massachusetts Bay von Puritanern gegründet, wo einst der Indianerstamm der Naumkeag lebte. Kämpfe mit den

Ureinwohnern fanden leider fast überall auf dem Kontinent statt und beinahe jede amerikanische Stadt hat ihre Geschichte der Indianervertreibung.

Traurige Berühmtheit erlangte Salem erst durch die Hexenprozesse von 1692; soziale sowie politische Spannungen, Gerüchte, der starke puritanische Glaube und Verschwörungen führten zum so genannten „Hexenwahn", dem viele Einwohner zum Opfer fielen. Bis heute ist sich die Wissenschaft uneinig darüber, wie die Hysterie solch gewaltsame Ausmaße annehmen konnte. Alles begann damit, dass sich drei junge Mädchen seltsam verhielten und ihre Familien in Angst und Schrecken versetzten, indem sie auf dem Boden krochen und seltsame Dinge von sich gaben. Die Ursache ihrer Qualen war schnell gefunden: Es konnte sich nur um das Werk des Teufels handeln. Und dann nahm das Unheil seinen Lauf.

Hauptsächlich Frauen, oft alt und/oder von der Gesellschaft ausgestoßen, wurden auf Grund von Anschuldigungen ihrer Mitmenschen der Hexerei bezichtigt, gefoltert und teilweise hingerichtet. Oft waren es die eigenen Nachbarn, die sie der Hexerei beschuldigten und für ihr eigenes Pech verantwortlich machten. Die verhafteten Frauen konnten sich kaum dagegen wehren, Kirche und Stadtverwalter schlossen sich zusammen und bekämpften die angeblichen "Teufelsweiber" mit aller Macht, die sie hatten.

Auch Männer, die sich weigerten, das Morden zu unterstützen, endeten vor dem Richter. So zum Beispiel Giles Corey, ein achtzigjähriger Mann aus Salem, der sich weigerte seine Tätigkeiten als Hexer zuzugeben und deswegen mit Steinen zu Tode gequetscht wurde. Es gibt zahlreiche Berichte über das perfide Vorgehen der Vollstrecker und ebenso viele Theorien über ihre wahren Beweggründe, oft war es der starke Glaube an die Personifizierung des Bösen oder schlicht Gier. Heute gehen Historiker sogar davon aus, dass verdorbenes Mutterkorngetreide das brutale Verhalten hervorgerufen haben könnte. Noch verwunderlicher ist, dass einige der gefolterten und später gehängten Opfer zugaben, dass sie wirklich Hexen seien und nachts geheime Rituale vollführen würden. Gerade dieser Umstand befeuert die Fantasie der Menschen und ist verantwortlich für Verschwörungstheorien.

Erst durch den damaligen Gouverneur William Phips fand der Schrecken 1692 ein Ende: 20

Menschen waren hingerichtet worden, darunter viele junge und unschuldige Frauen. Die Stadt durchlebte eine tiefe Krise, einige hatten den Ort aus Angst verlassen und die Wirtschaft war eingebrochen. Nur zögerlich erholte sich die Hafenstadt von den grausamen Ereignissen. Über die Jahrhunderte wurden die Namen der Opfer reingewaschen, doch erst 2001 wurden auch die letzten Getöteten offiziell rehabilitiert.

Schon der berühmte Autor Nathaniel Hawthorne bezog sich in seinen Werken auf die Schrecken seiner Heimatstadt, und seitdem ist Salem bis heute immer wieder Vorlage für sämtliche Filme, Bücher und andere Werke über Hexenverfolgung. Arthur Millers Theaterstück *The Crucible* (Hexenjagd) von 1953 erlangte große Aufmerksamkeit und Salem begann seitdem, seinen Tourismus auf die Geschichte der Hexen zu lenken. Mittlerweile hat die Stadt das Hexen-Image „aufgesaugt" und bezeichnet sich auch selbst als „Hexenstadt"; viele Attraktionen und Institutionen informieren über die Hexenprozesse von 1692 und unterhalten ihre Besucher mit den tragischen Ereignissen, vor allem in den Monaten vor Halloween springt einem das

Thema an vielen Ecken der Innenstadt förmlich ins Gesicht. Das mag man als moralisch verwerflich ansehen, doch der Reiz über solch schreckliche Taten zu lernen und der Versuch, sie zu verstehen ist wohl nur menschlich.

Wer sich also für die Hexenverfolgung oder amerikanische Geschichte im Allgemeinen interessiert, kann in Salem nichts falsch machen. In den nächsten Kapiteln erfahren Sie, welche Orte Sie auf jeden Fall besuchen sollten, wenn Sie dieser Aspekt Salems interessiert. Doch auch Attraktionen, die nichts mit Hexen am Hut haben, haben viel zu bieten und werden natürlich vorgestellt.

Top 3 Unterkünfte

D a Salem nur knapp 40 Minuten von Boston entfernt ist, ist es durchaus möglich, in Boston zu übernachten und Tagestrips nach Salem zu unternehmen. Für den Fall, dass Sie sich trotzdem lieber direkt in Salem eine Unterkunft nehmen wollen, stelle ich Ihnen nun die Top 3 Unterkünfte in Salem vor – die bestbewerteten, schönsten und günstigsten.

THE SALEM INN

Das Salem Inn in der 7 Summer Street bietet historisches Flair gepaart mit modernen Annehmlichkeiten wie WLAN, kostenloses Frühstück, Zugang zu einem gut ausgestatteten Fitnesscenter und kostenlose Parkplätze. Das Inn verfügt über 40 Gästezimmer, die verteilt in drei historischen Häusern liegen und jeweils nach einem bedeutenden Stück Geschichte Salems benannt sind. Viele Zimmer verfügen über einen funktionierenden Kamin, Küche und sogar Whirlpool. Wenn Sie mit der ganzen Familie und/oder Haustier anreisen, eignet sich das Salem Inn sehr, da es spezielle Family Suiten gibt.

Das West House ist das größte der drei Gebäude und im Federal Style gehalten. Es wurde 1834 von Captain Nathaniel West erbaut, einem Kapitän, der die maritime Geschichte Salems stark geprägt hat. Im West House erwarten Sie, wie in den anderen beiden Häusern des Salem Inn auch, wunderschön eingerichtete Zimmer, die mit vielen antiken Möbeln und Dekorationen geschmückt sind. Wenn Sie mit Haustier anreisen, empfiehlt sich das West House am meisten, da es das einzige haustierfreundliche Haus des Inn ist.

Während das 1854 erbaute Corwin House nur an Erwachsene vermietet wird und Kinder wie Haustiere dort nicht übernachten dürfen, befinden sich im Peabody House vier große Familienunterkünfte, die mit Kingsize- Betten und modernen Bädern aufwarten können. Dieses Haus des Salem Inn eignet sich also perfekt für Familien, Pärchen und kleine Reisegruppen. Wenn man in diese reizenden Unterkünfte ziehen möchte, muss man allerdings auch einen stolzen Preis bezahlen: Familiensuiten kosten $219 bis $395 pro Nacht, eine normale Suite zwischen $199 und $295.

HAWTHORNE HOTEL

Sie möchten Ihren Geldbeutel etwas schonen, aber trotzdem in einem historischen Hotel übernachten? Dann sollten sie das Hawthorne Hotel im 18 Washington Square Left in Betracht ziehen. Das historische Hotel wurde 1925 erbaut, ist Mitglied der Historic Hotels of America und verfügt über knapp 90 Zimmer, davon sechs Suiten. Das Hotel ist nur ein paar Minuten von der Boston Harbor-Fähre und vom MBTA-Zug entfernt und verfügt ebenfalls über kostenfreie Parkplätze und WLAN, zusätzlich kann man sich in der Lobby jederzeit Kaffee und Tee holen. Viele Gästezimmer sind außerdem behindertengerecht eingerichtet. Für knapp $100 pro Nacht können Gäste im Hawthorne Hotel übernachten, das auf Grund seiner schönen Restaurierung auch oft für Hochzeiten und andere Events gebucht wird. Die Zimmer sind allesamt sehr hell und freundlich eingerichtet und bieten eine schöne Aussicht auf Salems Innenstadt.

Attraktiv für Touristen sind die diversen Pauschalen für Übernachtungen und Attraktionen wie das „Bed and Breakfast Package", in dem für $154 eine Übernachtung, ein Frühstücksgutschein für das Nathaniel's Restaurant im Wert von $13 und der Sail Thru Salem Pass enthalten sind, mit dem Sie Ermäßigungen für viele lokale Attraktionen wie das Peabody Essex Museum oder das Salem Witch Museum erhalten. Auch beliebt ist das „Witch Way Package", bei dem für $171 zur Übernachtung und dem Frühstücksgutschein noch Tickets für das Salem Witch Museum und eine Kurzfilm-Vorführung im Salem Visitor Center dazukommen.

THE HOTEL SALEM

Wer kein Fan von historischen Gebäuden ist und es lieber etwas moderner hätte, ist im Hotel Salem gut aufgehoben. Bei der in der 209 Essex Street gelegenen Unterkunft handelt es sich um ein modern und bunt eingerichtetes Hotel im Zentrum Salems, von dem aus man schnell die belebte Fußgängerzone erreicht und das von vielen Boutiquen umgeben ist. Die stylische Designer-Lounge des Hotels lädt zum Lesen und Entspannen ein, in vielen Ecken finden sich Kunstgegenstände und es gibt auch ein hauseigenes Restaurant, in dem zu relativ niedrigen Preisen leichte Gerichte bestellt werden können.

Ein Highlight ist die im Sommer geöffnete Rooftop-Bar, von der aus man fast die ganze Stadt überblicken und sich mit einem kühlen Getränk erfrischen kann. Das Hotel Salem hat insgesamt 44 modern eingerichtete Zimmer und geräumige Suiten bis hin zu kleinen „Mikroräumen", die noch einmal etwas günstiger sind. Je nach Saison kostet eine Übernachtung ca. $100 bis $120. Alle Zimmer verfügen über ein eigenes Bad, kostenloses Wi-Fi und LED-Fernseher.

Sehenswürdigkeiten

Nun stelle ich Ihnen die beliebtesten, interessantesten und einzigartige Sehenswürdigkeiten Salems vor. Natürlich erwartet Sie in Salem viel magisch Angehauchtes, doch auch abgesehen vom Hexen-Business gibt es einiges Tolles zu entdecken. Ob Museen, Kunst, Wahrsager oder einfach schöne Spazierstrecken, für Unterhaltung und Entspannung ist gesorgt.

BESONDERE PLÄTZE

Charter Street Cemetery

Wenn Sie alle Bezirke Salems entdecken wollen – und das ohne viel Geld oder gar keins ausgeben zu müssen – empfiehlt es sich, die wichtigsten Plätze der Stadt zu besuchen. Zu diesen gehört als Erstes ganz klar der Charter Street Cemetery, auch Burying Ground genannt. Er besteht seit 1637 und ist damit Salems ältester Friedhof. Und das spürt man: die alten, verwitterten Gräber inmitten riesiger Bäume versetzen einen fast ein paar Jahrhunderte in der Zeit zurück. Zwar wurden hier keine Opfer der Hexenverfolgung beerdigt, doch der Burying Point ist trotzdem ein Muss, wenn man die Stadt besichtigt. Viele der Gräber reichen zurück bis ins 18. Jahrhundert, ihre Inschriften sind aber oft noch zu entziffern. Von morgens bis abends ist der Charter Street Cemetery für die Öffentlichkeit zugänglich und auf jeden Fall einen Spaziergang in die Vergangenheit wert.

Salem Witch Trials Memorial

Direkt hinter dem alten Friedhof liegt eine weitere wichtige Gedenkstätte: das Witch Trails Memorial. Eingegrenzt von drei Seiten durch Steinwände und insgesamt sechs Bäumen, die als Symbol für die Ungerechtigkeit der Verbrechen stehen, liegt die Gedenkstätte an der Liberty Street und ist ebenfalls von morgens bis abends zu besichtigen. In die schlichten Gedenksteine sind der Name, das Todesdatum sowie die Art der Hinrichtung der Opfer eingraviert. Gerade diese Schlichtheit und Ruhe des Ortes regen zum Nachdenken an und erinnern an jene, die lieber starben, als das zu behaupten, was die Vollstrecker von ihnen hören wollten – dass sie mit dem Teufel im Bunde seien. Ein eindrucksvoller Ort, der zeigt, dass die Opfer des Hexenwahns mit Respekt gewürdigt werden. Auch heute noch legen Verwandte Blumen und Nachrichten für ihre vor langer Zeit hingerichteten Familienmitglieder ab, um ihrer zu gedenken.

McIntire Historic District & Hamilton Hall

Etwas versteckt inmitten des McIntire Historic Districts, einem Teil der Stadt, in dem architektonische Stile aus vier Jahrhunderten zusammenkommen, liegt die Hamilton Hall. Das über 200 Jahre alte Gebäude dient heute als Stadthalle, in der es regelmäßig allerlei Veranstaltungen gibt. Neben Konzerten gibt es Aufführungen und die beliebte „Burns Night", ein geselliger Abend, an dem der schottische Schriftsteller Robert Burn und seine Werke mit schottischen Traditionen zelebriert werden. Es lohnt sich also, sich vor Ihrer Anreise nach Salem das Programm der Hamilton Hall anzusehen und, falls Sie etwas für sich entdecken, schnell Tickets zu bestellen. Und wenn Ihnen der McIntire Historic District gefällt, der zu den wichtigsten Straßen in Salem führt, können sie gleich den McIntire Wanderweg entlanglaufen. Dieser ist nach Samuel McIntire benannt, einem Architekten, der Salem Mitte des 20. Jahrhunderts sehr geprägt hat. Der Weg ist durch Pfosten und Bürgersteigtafeln mit dem Bild einer Garbe Weizen gekennzeichnet, McIntires Lieblingsmotiv, das für Salems Wohlstand stehen soll. Dem Weg ist daher sehr leicht zu folgen und er dauert ungefähr eine Stunde, während der man die wunderschöne Architektur des Bezirks entdecken kann.

Bewitched Statue & Essex Street

Lust auf eine kurze oder auch lange Verschnaufpause nach dem Spaziergang? Dann ab in die Essex Street, die wichtigste Fußgängerzone der Stadt mitten in Salem. Direkt am Beginn der Straße entdecken Sie wahrscheinlich als erstes die Bewitched Statue.

Kein Wunder, diese ist ja auch knapp zwei Meter hoch und mitten auf dem Platz kaum zu übersehen. Die Statue zeigt Elizabeth Montgomery, eine Schauspielerin der Sitcom „Bewitched", in der es um eine aufgeweckte Hexen-Hausfrau geht und die sich in den 1960er Jahren größter Beliebtheit erfreute. Die bronzene „Samantha" ist heute ein kleines Wahrzeichen von Salem und sehr beliebt für Selfies, also vergessen Sie nicht, sich ihren magischen Schnappschuss mit ihr zu sichern! Die Essex Street hat aber noch viel mehr zu bieten: es gibt allerhand Souvenirläden, Wahrsager, Kartenleger, Tattoo-Studios, aber auch gemütliche Cafés wie das Gulu-Gulu Café oder das angesagte Red Line Café, in denen man sich bei leckeren Snacks vom Touristenstress erholen kann.

Heritage Trail
Apropos Red Line – wenn Sie im Zentrum Salems unterwegs sind, fällt Ihnen sicher eine rote Linie auf dem Boden auf. Das ist der so genannte „Heritage Trail", ein rot markierter Pfad, der die wichtigsten historischen Orte von Salem verbindet und daher perfekt für einen Rundgang durch die Stadt ist. Unterwegs können Sie sich dann entscheiden, welchen der Hotspots Sie am liebsten näher begutachten

wollen. Der Weg führt auch an Boutiquen und Geschäften vorbei und lädt dazu ein, imposante Gebäude sowie versteckte Nebenstraßen selbst zu entdecken.

First Church

Wenn Sie dem Heritage Trail folgen, sollten Sie auf jeden Fall auch einen Stopp an der First Church einlegen. Sie zählt zu den ältesten Kirchengemeinden Neuenglands und wurde 1836 erbaut. Ihr gotischer Stil passt perfekt ins historische Bild Salems und ist auch von innen wunderschön: dunkles Ebenholz mischt sich mit cremefarbenen Steinwänden und rotem Samt. Allein die ans Mittelalter anmutenden Deckenverzierungen sind einen Besuch der Kirche wert. Die Gemeinde der First Church gilt allgemein als sehr aufgeschlossen und tolerant. Viele Mitglieder informieren einen gerne über die Geschichte ihrer Kirche und sprechen auch offen über die Hexenprozesse, unter denen Kirchenmitglieder der damaligen Zeit litten oder die sie selbst unterstützten. Scheuen Sie sich also nicht, selbst Fragen zu stellen!

Winter Island Light

An der Küste Salems liegt das Winter Island Light malerisch direkt am Wasser im Winter Island Park. Geräusche von an der Küste zusammenschlagenden Wellen und Möwenschreie mischen sich mit der frischen Meeresbrise und, wenn man den Leuchtturm abends besucht, atemberaubenden Sonnenuntergängen. Im Winter Island Park gibt es die Möglichkeit, friedlich in Nähe des Wassers zu picknicken, an sonnigen Tagen in Nähe der Bucht zu schwimmen, eine kleine Bootstour zu machen und sogar zu campen. Eine sehr friedvolle und ruhige Seite Salems, die oft Maler und andere Künstler anlockt, die sich von dieser schönen Aussicht inspirieren lassen.

Hier ist es sehr leicht, mit Leuten in Kontakt zu kommen und schöne Urlaubsfotos zu schießen. Der Leuchtturm Winter Island Light, auch bekannt als Fort Pickering Light, wurde 1871 im Winter Island Park gebaut, um Schiffe auf ihrem Weg und vom Hafen Salems zu lenken. Der aus Ziegeln und Eisen gebaute Turm hat eine Höhe von knapp neun Metern und wurde von der 1934 gegründeten Küstenwache lange Zeit als Quartier benutzt. Nachdem die Küstenwache 1969 Winter Island verließ, verfiel der Turm durch mangelnde Wartung, was Anfang der 1980er Jahre dazu führte, dass besorgte Bürger und Unternehmer Salems die Fort Pickering Light Association gründeten, den Leuchtturm renovierten und neu beleuchteten. 1999 erhielt der Turm eine erneute Renovierung und steht seitdem in seiner jetzigen Form an der Küste. Leider ist er für die Öffentlichkeit geschlossen, aber schon sein rustikales Äußeres versprüht einen romantischen Charme.

Der Park hingegen ist das ganze Jahr geöffnet und kann besucht werden. Er liegt direkt in der Nähe des Witch Houses, am Ende der Winter Island Road, und ist durch Beschilderung leicht zu finden.

Salem Willows

Ein weiterer schöner Park ist der Salem Willows, der auch direkt am Meer liegt und ganzjährig für die Öffentlichkeit zugänglich ist. Im Park gibt es eine Videospielhalle, das beste Popcorn der Umgebung und schöne Picknickplätze an der Strandpromenade. Ganz in der Nähe befindet sich der Dead Horse Beach, der zwar einen abschreckenden Namen hat, von dem aus man aber einen tollen Blick auf das Meer und die anlegenden Schiffe und Boote genießen kann. Im Sommer eignet sich dieser Teil der

Küste besonders gut für Schwimmausflüge.

MUSEEN

Witch House

Besonders für Fans von Museen hat Salem einiges zu bieten, was sich natürlich durch die spannende Geschichte des Orts begründen lässt. Eines der bekanntesten Museen Salems ist das Witch House in der 310 Essex Street, auch bekannt unter dem Namen Corwin House. Das pechschwarze Gebäude gehörte einst Richter Jonathan Corwin und ist das einzige noch erhaltene Gebäude, das direkt auf die Salem Witch Trials zurückgeführt werden kann.

Hier wurden während der Zeit des Hexenwahns über 200 Unschuldige gefoltert, um Geständnisse von ihnen zu erzwingen. So unheimlich das Witch House von außen aussieht, so gemütlich wirkt es dafür im Inneren. Die Räume sind im Stil des 17. Jahrhunderts eingerichtet und man fühlt sich nach Betreten dieses alten Hauses sofort wie in einer anderen Welt: schwere Holzbalken, dunkle Räume und eine karge Einrichtung vermitteln authentisch das Bild des typischen Puritaner-Haushalts. Von Mitte März bis in den November hinein kann das Witch

House täglich besucht werden. Erwachsene zahlen $9 für eine Führung, bei der man interessante Fakten über das entbehrungsreiche Leben der Kolonisten in jener vergangenen Zeit zu hören bekommt. Zudem gibt es immer wieder Events im Witch House, die sich um die Geschichte des Hauses und seinen ehemaligen Besitzer drehen, der eine große Rolle bei den Prozessen gespielt hatte.

Witch History Museum

Wenn Sie sich für die Geschichte der Opfer des Hexenwahnsinns von 1692 interessieren, ist ein Mustsee ebenfalls das Witch History Museum in der 197 Essex Street. In diesem interaktiven Museum gibt es viele Informationen rund um die Hexenverfolgung in Salem. Die tragischen Ereignisse werden einem auf seriöse Weise nähergebracht, unter anderem mit Hilfe von 15 nachgestellten lebensgroßen Szenenbildern der damaligen Zeit. Das Witch History Museum eignet sich besonders für Leute, die noch nicht so viel über die Hexenprozesse wissen und einigermaßen sachlich an das Thema herangeführt werden wollen. Für $9 ist das Museum von 10:00 bis 17:00 Uhr zu besuchen, auch größere Gruppen bekommen hier gute Führungen.

Witch Dungeon Museum

Wem Führungen zu trocken sind, der kommt auf jeden Fall im Witch Dungeon Museum in der 16 Lynde Street auf seine Kosten. Dieses Museum wird von vielen Salem-Besuchern als ihr Highlight tituliert, was auf die hingebungsvolle und detailreiche Vorstellung des Witch Dungeons zurückzuführen ist. Es handelt sich nämlich um eine Liveshow, in der der Prozess von Sarah Good nachgespielt wird. Sarah Good war eine Bettlerin, die sich wie so viele andere Beschuldigte 1692 vor Gericht verteidigen musste, weil sie als Hexe bezichtigt wurde.

Was dieses "reenactment" so besonders und authentisch macht, ist, dass die originale Abschrift des Prozesses verwendet wird. Sarah Goods Prozess ist einer der bis heute am besten dokumentierten Fälle von Hexenwahn und zeigt deutlich, mit welchen Tricks die damaligen Richter arbeiteten und wie die Gemeinde Salems mit den angeblichen Hexen umging. Diese Show lässt Geschichte wieder aufleben und führt einem deutlich vor Augen, welchen Schrecken sich Sarah Good stellen musste. Die Shows, in denen professionelle Schauspieler mitwirken, finden jeden Tag von 10:00 bis 17:00 Uhr statt und kosten für einen Erwachsenen ebenfalls $9. Neben der Show gibt es dazu eine Tour durch den Dungeon, in dem das Dorf Salem Ende des 17. Jahrhunderts und der „Gallows Hill" nachgestellt sind. Eine Erfahrung, die man sich nicht entgehen lassen sollte.

House of Seven Gables

Das historische House of Seven Gables ist ein altes Herrenhaus und wurde 1668 erbaut. Das Haus ist vor allem durch Nathaniel Hawthorne's gleichnamiges Buch „The House of the Seven Gables", auf Deutsch „Das Haus mit den sieben Giebeln", berühmt geworden, das 1851 veröffentlicht wurde und dessen Handlung an diesem Ort spielt. Das Haus liegt in der Nähe des Hafens in Salem und ist zu Fuß gut zu erreichen. Das ganze Jahr über kann man hier Touren buchen, in denen professionelle Guides knapp 40 Minuten das Haus mit all seinen verwinkelten Räumen und versteckten Treppen vorstellen und dazu viel über seine Geschichte, Architektur und ehemaligen Bewohner erzählen.

Insbesondere das Leben von Nathaniel Hawthorne, einem der wichtigsten amerikanischen Autoren der Romantik, wird lehrreich erläutert. Das Haus mitsamt dem wunderschönen Garten direkt am Wasser kann täglich von 10:00 bis 19:00 Uhr besucht werden, die Tour kostet für Erwachsene $15 und es gibt auch die Möglichkeit, sich von einem Audio-Guide durch das alte Gebäude führen zu lassen. Die Touren sind besonders auf Grund der freundlichen und kompetenten Guides sehr gefragt, die auf jede Frage bezüglich des House of Seven Gables eine Antwort wissen.

Salem Witch Museum

Haben Sie noch nicht genug von spannender Geschichte? Eines der beliebtesten und optisch ansprechendsten Museen ist das Salem Witch Museum am 19 Washington Square North. Nicht nur Schulklassen, sondern auch Touristen erfahren innerhalb dieses wunderschönen Gebäudes Dinge über die Hexenprozesse, die selbst Hobbyhistoriker überraschen dürften. Regelmäßig finden hier Geschichtsveranstaltungen statt, darunter Reden und spezielle Ausstellungen. Das Museum bietet zwei Arten der Präsentation an: Die erste bezieht sich direkt auf die Ereignisse von 1692 mit 13 lebensgroßen nachgestellten Szenen, Figuren, Lichteffekten und einer Erzählerstimme, die chronologisch darüber berichtet, wie eine ganze Stadt in Hexenhysterie verfällt und fast jeder mit wilden Anschuldigungen und angeblichen Teufelssichtungen um sich wirft. Der Fokus liegt vor allem auf der Gesellschaft des damaligen Salems: Wie Intrigen gesponnen wurden, wie gelogen und betrogen wurde, um Personen anzuprangern, die einem selbst im Wege waren.

Die zweite Ausstellung, schlicht "Witches" betitelt, besteht aus einer Führung, in der das Wort Hexe näher inspiziert wird: wie kam das Wort überhaupt zu Stande, was verstand man früher darunter und wie hat sich der Begriff im Laufe der Zeit verändert? Besonders spannend ist, dass sich diese Tour insbesondere auf die europäischen Hexenverfolgungen bezieht, die vor, während und nach den Prozessen in Salem stattfanden. Nachvollziehbar wird erklärt, welche psychologischen Beweggründe eine solche Hetzjagd verursachen können, was der strenge Glaube der Puritaner für eine Rolle gespielt hat und wie die Brutalität der Prozesse zu Stande kam.

Des Weiteren können Sie erfahren, wie unser Bild der den Besen schwingenden bösen alten Hexe entstanden ist und was diese Stereotypen mit der Vergangenheit zu tun haben. Ein Besuch ist also auf jeden Fall empfehlenswert, vor allem für jene, die sich über die Hexenprozesse Salems hinaus für den Hexenkult interessieren. Das Museum ist ganzjährig geöffnet, außer an Thanksgiving, Weihnachten und am Neujahrstag. Die Präsentationen können alle halbe Stunde von 10:00 bis 16:30 Uhr besucht werden und kosten für Erwachsene $13, für Kinder $10. Die Hauptpräsentation gibt es übrigens auch in Deutsch, Französisch, Italienisch und vielen weiteren Sprachen, sodass auch Besucher mit eher schlechten Englischkenntnissen alles verstehen.

New England Pirate Museum

Das New England Pirate Museum ist eine Art altes Wachsmuseum, das allein dadurch einen gewissen Gruselfaktor innehat. Das Museum ist von Mai bis Oktober jeden Tag von 10:00 bis 17:00 Uhr geöffnet und bietet dreißigminütige Führungen an, die sich um die wenig bekannte Geschichte der Seeräuber im Salem des 17. Jahrhunderts drehen. Piratenkapitäne wie Blackbeard, Bellamy, Quelch und andere durchstreiften zu dieser Zeit die Gewässer vor Bostons North Shore, bekannt als Gold Coast, um dort ihre in Europa erbeuteten Schätze zu verstecken. Was von den abenteuerlichen Geschichten stimmt und was nicht, muss nicht beantwortet werden; es handelt sich bei den Führungen des New England Pirate Museums hauptsächlich um eine spannende Geschichtsstunde. Das Museum ist gefüllt mit lebensgroßen Piraten-Wachsfiguren und Artefakten, die einmal den berüchtigten Räubern gehörten.

Spartipp: Falls Sie sich für das New England Pirate Museum, das Witch Dungeon Museum und das Witch History Museum interessieren, lohnt sich das Combination Ticket, mit dem sie alle drei Museen besichtigen können und dabei $8 Dollar sparen.

Pioneer Village

Ein weiteres historisches Museum, das allerdings nicht unbedingt etwas mit Hexen zu tun hat, befindet sich an der 310 West Avenue und heißt Pioneer Village. Dieses historische Dorf liegt auf drei Hektar Land und zeigt verschiedene Beispiele kolonialer Architektur und Dorfstruktur, unter anderem Unterstände, medizinische Gärten, eine Schmiede, Strohdachhäuser und das Faire House des Gouvernors. Das außergewöhnliche Museum wurde 1930 anlässlich des 100-jährigen Bestehens von Massachusetts erbaut und bezeichnet sich selbst als Amerikas erstes lebendiges Museum. Und tatsächlich hat das Pioneer Village den Effekt einer Zeitmaschine und wirft einen zurück in das Jahr 1630, kurz nachdem die ersten Puritaner an der Massechusetts Bay gelandet waren und begannen, eine Zivilisation aufzubauen. Die Holzhäuser sind durch Zäune miteinander verbunden und erwecken den Eindruck, als würden hier wirklich Menschen leben, die sich jeden Tag um ihre Höfe kümmern.

Das Dorf ist mit dem Auto oder Bus nur etwa 10 Minuten von der Innenstadt entfernt, liegt aber trotzdem mitten in der Natur zwischen Wald und Meer des Forest River Parks von Salem. Daher bietet es sich an, einen Spaziergang an der frischen Luft mit einer Führung durch das Pioneer Village zu verbinden. Diese wird von Juni bis September immer samstags und sonntags angeboten und findet jeweils um 12:30 Uhr, 13:00 Uhr und 14:30 Uhr statt. Erwachsene zahlen $6, Kinder $4 und Sie erfahren während der Führung, wie das Leben in den ersten Kolonien Amerikas wirklich war. Oft laufen während der Tour auch verkleidete Leute durch das Dorf und unterstützen damit die Illusion eines lebenden Museums. Zudem gibt es im Pioneer Village öfter mal Veranstaltungen, wie die „Lanterns in the Village Night" oder das „Spice Festival", zu denen das Dorf

geschmückt wird und es Vorführungen und Essensstände gibt. Übrigens: Einige der Häuser wurden für
Szenen im Film Hocus Pocus von 1993 als Hinter-
grundkulisse verwendet!

Gedney House
Das Gedney House in der 21 High Street gehört zu
den unbekanntesten Museen Salems und ist daher
ein echter Geheimtipp, wenn Sie sich für historische
Gebäude und ihre Geschichte interessieren. Davon
hat das Gedney House genug zu bieten: Es wurde
1665 erbaut und über die Jahrhunderte immer wieder neu renoviert. Deswegen treffen in verschiedenen Etagen mehrere architektonische Stile aufeinan-
der und bilden einen Mix von Baustilen aus vier Jahrhunderten. Die begeisterten Guides erzählen in ihren Touren, wie das Gedney House konstruiert
wurde und führen durch die Stockwerke. Auch wenn
am Haus viel gebaut und renoviert wurde, gibt es
dennoch freigelegte Stellen des original 1665 geleg-
ten Fundaments. Das Haus ist von 11:00 bis 15:00
Uhr geöffnet und Touren kosten nur $5.

ATTRAKTIONEN & FÜHRUNGEN

Gallows Hill Theater & Lost Museum

Wem die Realität der Geschichte nicht gruselig genug ist und wer mehr auf spannende Attraktionen steht, sollte dem Gallows Hill & Lost Museum in der 7 Lynde Street einen Besuch abstatten. Hier treffen Hexenklischees auf Horrorhaus-Atmosphäre. Auch wenn das Ganze auf historischen Fakten basiert, wird doch viel hinzugedichtet, um die Besucher zu gruseln. In der Gallows Hill Main Show erwartet Sie ein Mix aus Theateraufführung, Special Effects und Jump-Scare Elementen, also nichts für schwache Nerven.

Besonders schaurig sind die Aufführungen im Oktober, dann werden einige Hologramme und Lichteffekte nämlich durch Schauspieler ersetzt und das Publikum selbst wird unter Verdacht gestellt, mit dem Teufel im Bunde zu sein. Das Spektakel dauert ca. 20 Minuten und kostet für Erwachsene $13, für Kinder $9. Die Show ist natürlich typisch amerikanisch sehr überspitzt und setzt auf viele künstliche Effekte, doch Fans von Spukhäusern und Events, bei denen das Publikum miteinbezogen wird, können in der Gallows Hill Show sicher ihren Spaß haben. Erfahrungsgemäß erfreuen sich vor allem junge Besucher, die keine Fans von Museen sind, an den aufwendig produzierten und mit Details ausgeschmückten Vorführungen.

Zu Gallows Hill gehört außerdem das Lost Museum, das längste und größte Untergrund-Spukhaus in Salem. Auch dort gibt es schaurige Effekte wie lebendige Porträts, Licht- und Nebeleffekte und Jump-Scares. Das Lost Museum ist vom 28. September bis zum 31. Oktober geöffnet, gehört also zu den Halloween-Attraktionen von Salem. Erwachsene bezahlen $15, Kinder $13.

Wer im Oktober in der Stadt ist, kann zusätzlich an der Ghosts & Legends Trolley Tour teilnehmen, die Gallows Hill ebenfalls veranstaltet. Mit $25 für Erwachsene und $19 für Kinder hat diese zwar einen höheren Preis, bietet dafür aber auch ein einmaliges Erlebnis, das es sonst nirgends in der Umgebung gibt. Die Tour findet nachts statt, startet am Gallows Hill, 7 Lynde Street, und dauert ungefähr eine Stunde. In dieser Stunde erzählen zwei Schauspieler gruselige wahre und unwahre Geschichten über Hexen, Geister, Mord und Geheimnisse. Die Tour führt vorbei am House of the Seven Gables, am Old

Cemetery, Winter Island und anderen historischen Orten Salems. Sollten Sie an der Ghosts & Legends Trolley Tour interessiert sein, bestellen Sie so früh wie möglich online Tickets, da das Event sehr beliebt ist. Vor allem die verkleideten Schauspieler, die die Geschichten Salems mit einer Mischung aus Humor und Grusel erzählen, machen die Tour so spaßig und einzigartig. Allerdings wird empfohlen, Kinder von unter 7 Jahren nicht mitzunehmen – dafür ist es dann doch etwas zu schaurig.

Spartipp: Wenn sie die Gallows Hill Show sehen und die Trolley Tour machen wollen, lohnt es sich das Gallows Hill Combo Ticket zu kaufen. Unmittelbar vor der Trolley Tour haben Sie damit die Möglichkeit, sich die Main Show anzusehen. Erwachsene zahlen für das Combo Ticket $33, Kinder $24.

Count Orlok's Nightmare Gallery

Die Count Orlok's Nightmare Gallery residiert seit neuestem in der 217 Essex Street und gehört zu den typischen Attraktionen in Salem, die sich mit dem Mystischen und Schaurigen auseinandersetzen, auch bekannt unter dem Namen "October Haunted Happenings". Wer ein historisches Museum mit Audioguides und langen Führungen erwartet, wird hier klar enttäuscht. Trotzdem macht die Gallery Spaß und lässt für $8 sicher nicht nur Gruselfans staunen. Von März bis Oktober können Besucher von 9:00 bis 17:00 Uhr die unheimlichen Ausstellungshallen besichtigen, in denen Charaktere der dunklen Seite des Kinos ausgestellt sind: Vampire, Zombies, Werwölfe, Dämonen und andere Kreaturen haben in der Nightmare Gallery ihr Zuhause. Es gibt über 60 lebensgroße Reproduktionen bekannter Schauerfiguren zu sehen, die von Special Effect-Künstlern aus Hollywood angefertigt wurden und jedes Jahr kommen drei bis sechs neue Figuren hinzu. Ein Highlight für alle Fans von Horrorfilmen!

Für Fotos eignet sich diese mit viel Fachkenntnis zusammengestellte Sammlung perfekt. Zu den beliebtesten Motiven gehören Freddy Krueger und das lebensgroße Szenenbild der berühmten Axt-Szene aus Kubricks *The Shining*. Die Mitarbeiter des Museums erklären auf Nachfrage hin enthusiastisch die Hintergrundgeschichten der vielen makabren Charaktere und ihrer Reproduktionen und auch der kleine Museumsshop hat viele gruselige und lustige Souvenirs zu bieten. Wenn Sie also Lust haben, mehr über die Bösewichte der Film- und

Fernsehgeschichte zu lernen und ihnen dabei auch noch in die Augen sehen möchten, ab in die Count Orlok's Nightmare Gallery!

History Alive

Zu den einzigartigen und originellsten Attraktionen in Salem gehört das Projekt History Alive. Dieses produziert und kreiert originale Filme und Theateraufführungen über die Geschichte Neuenglands. Die Theaterveranstaltungen finden immer an historischen Orten, wie zum Beispiel der Old Town Hall, statt und wurden auch schon für Film und Fernsehen adaptiert. Das mit Abstand erfolgreichste Stück war "Cry Innocent", eine Aufführung, in der von professionellen Schauspielern die Geschichte von Bridget Bishop erzählt wird, die 1692 wegen Hexerei angeklagt wurde.

Das Besondere dabei ist, dass das Publikum selbst Richter bzw. Jury spielen darf und mitentscheidet, wie der Prozess verläuft. Der Angeklagten dürfen Fragen gestellt werden, die die Schauspielerin dann als Bridget Bishop beantwortet. Dadurch ist jede Show anders und unvorhersehbar, aber trotzdem historisch akkurat und mitreisend – Sie selbst entscheiden, wie es ausgeht! Über eine halbe Million

Menschen haben „Cry Innocent" schon erlebt und waren von den authentischen Nachstellungen begeistert. History Alive plant jedes Jahr solche Aufführungen, bei Interesse sollten Sie sich also so schnell wie möglich online über die aktuellen Veranstaltungen informieren.

Candlelit Ghostly Walking Tour

Es gibt einige historische Führungen in Salem, zu den beliebtesten gehört die Candlelit Ghostly Walking Tour. Diese findet immer im Juli und August jeden Abend um 19:30 Uhr statt und im Oktober, der Hochsaison des Grusels, in der Zeit von 17:00 bis 22:00 Uhr alle 30 Minuten. Dieser einstündige Spaziergang durch die Straßen Salems führt an den historisch wichtigsten Punkten der Stadt vorbei. Die Guides erzählen etwas über die Geschichte der Gebäude sowie über die Gerüchte von Geistern, welche die alten Gemäuer angeblich heimsuchen.

Es gibt interessante Informationen über das Geschäft der Geisterjäger, beispielsweise welche die besten Methoden für das Fotografieren paranormaler Ereignisse sind. Die Höhepunkte der Tour sind: das Joshua Ward House, der Howard Street Cemetery und das Old Salem Prison, wo es angeblich die meiste Geisteraktivität gibt. Der Spaß kostet $20, Tickets können online im Voraus, im Salem Wax Museum oder im Salem Witch Village erworben werden. Von Montag bis Donnerstag ist es nur vor Ort möglich, Tickets für die nächtlichen Führungen zu kaufen. Der Andrang ist unter der Woche allerdings nicht allzu groß, sodass Sie spontan noch Tickets bekommen können.

Within the Witching Hour

Eine ebenfalls etwas verspieltere Attraktion ist das Witching Hour Live Spell Casting. Zusätzlich zum Rundgang gibt es in der 282 Derby Street im Oktober spezielle Präsentationen, in denen echte praktizierende Hexen Zaubersprüche und Rituale abhalten. Das Ganze ist natürlich eher eine kleine Show als echte Hexerei, wenn Sie allerdings in Halloween-Stimmung sind und Sie die Candlelit Ghostly Walking Tour mochten, werden Sie auch an der Witching Hour Gefallen finden.

7 Seas Whale Watching

Das nur etwa 30 Kilometer nördlich von Salem gelegene Gloucester bietet sich perfekt für einen Halb- oder Ganztagsausflug an, wenn Sie ihre Unterkunft in

Salem haben. Das aufregendste Erlebnis erwartet Sie bei der 7 Seas Whale Watching Kreuzfahrt: Gloucester liegt zwischen zwei wichtigen Wal-Nahrungsgebieten, der Stellwagen Bank und dem Jeffrey's Ledge. Seit 1983 werden hier Walsichtungen angeboten und finden jährlich von Mitte April bis Mitte Oktober statt, da sich dann die meisten Wale vor den Buchten aufhalten. Der Betrieb ist seit über sieben Jahrzehnten in Familienbesitz und es wird großer Wert daraufgelegt, während der Touren über die Wale und ihren Lebensraum zu informieren.

Je nach Uhrzeit kosten die Tickets zwischen $32 und $50, dafür wird die Sichtung von Walen garantiert. Vom Startpunkt aus, der 63 Rogers Street in Gloucester, dauert es ungefähr 45 Minuten bis das Wal-Nahrungsgebiet mit dem Schiff erreicht ist. Die Kapitäne sind allesamt sehr erfahren und meistern es, sich den Walen zu nähern, ohne sie zu stören. Und davon gibt es vor Gloucester viele, vor allem die riesigen Buckelwale, aber auch Haie und seltene Fischarten können bei klarem Wasser erspäht werden. Während der etwas schaukelnden Kreuzfahrt fühlt man sich wie mitten in einer Naturdokumentation: Es ist ein aufregendes Erlebnis, bei dem Sie die faszinierenden Meeressäuger in ihrer natürlichen Umgebung beim Auf- und Untertauchen bestaunen und fotografieren können. Aber Vorsicht, wenn die Wale besonders aktiv sind und mit ihren Schwanzflossen auf die Wasseroberfläche klatschen, rächt es sich, wenn man sich keine wasserdichte Kleidung mitgenommen hat.

Nach der Kreuzfahrt bietet es sich an, dem Maritime Gloucester einen Besuch abzustatten. Hier treffen Meeresmuseum, Aquarium und Hafen zusammen und Besucher werden über die maritime Geschichte Gloucesters informiert.

Salem Food Tours

Sie haben Lust auf eine kulinarische Reise durch Salem? Bei Touristen kaum bekannt aber bestbewertet von Webseiten, lokalen Zeitungen und Radiosendern sind die Salem Food Tours, die seit 2012 das ganze Jahr über von 9:00 bis 17:00 Uhr stattfinden und Gaumenfreude garantieren. Salem war durch seinen Hafen schon immer reich an besonderen Essensspezialitäten, da zu Zeiten der florierenden Seefahrt im 18. Jahrhundert viele exotische Gewürze dorthin geliefert werden konnten. Und auch heute gibt es in der Stadt eine große Vielfalt an

Restaurants, Bars, Lebensmittelläden und mehr. Entdecken und schmecken können Sie diese Vielfalt bei einer Salem Food Tour, während der Feinschmecker verschiedene Gerichte probieren, sich mit Köchen und Ladenbesitzern aus der Umgebung unterhalten und Insidertipps austauschen kann. Eine Tour kostet $58 pro Person, darin enthalten sind alle Verkostungen von leckeren Speisen und Weinen. Es werden mindestens fünf Stationen besucht, meist Restaurants und Geschäfte, in denen Köstlichkeiten erworben werden können. Nicht nur Fleischliebhaber kommen dabei auf ihre Kosten; es werden auch immer vegetarische und vegane Essensproben angeboten.

Die Tour dauert einen ganzen Nachmittag, etwa 3,5 Stunden, und wird von sympathischen Gourmets aus der Umgebung geleitet. Wenn Ihnen diese Mischung aus Dinnerparty, Verköstigung und Stadtführung gefällt, sollten Sie schon vor Ihrer Abreise online die Salem Food Tour buchen. Tipp: Machen Sie die Führung in den ersten Tagen Ihres Aufenthalts in Salem – so haben Sie gleich zu Anfang einen Eindruck von verschiedenen Restaurants in der Stadt und wissen, was Ihnen am meisten zusagt und welche Orte Sie noch einmal aufsuchen möchten.

Grave Matters Cemetery Tour

Wenn Sie sich für den bereits erwähnten Old Burying Point und seine Geschichte interessieren, können Sie Ihr Wissen über diesen historischen Ort während der Grave Matters Cemetery Tour erweitern. Die einstündigen Touren kosten $12 und beginnen in der 8 Central Street, in der Nähe des Witch History Museums. Von da aus geht es dann zum Old Burying Point, der während der Tour durchstreift wird. Die kompetenten Guides erklären, warum die handgemachten Gräber so einzigartig sind und wie sie so lange trotz verheerender Wetterbedingungen erhalten blieben.

Auch über die Arbeit von Steinmetzen im 17. Jahrhundert und die hinter den Grabverzierungen stehenden Symbole wird ausführlich und spannend erzählt. Schätzungen zufolge gibt es im ganzen Land noch immer 35 Millionen Nachkommen der Pilger, die Anfang der 1620er Jahre erstmals nach Amerika kamen, um sich dort ein neues Leben aufzubauen. Auf dem Charter Street Cemetery liegen die Gräber vieler dieser Vorfahren und die wichtigsten Personen werden während der Grave Matters Cemetery

Tour ebenfalls vorgestellt, darunter zwei Richter der Hexenprozesse und erste Pilger, die mit der Mayflower in Massachusetts ankamen. Die Tour gilt als eine der seriösesten und informativsten in Salem und ist deswegen vor allem für jene interessant, die Geschichte ohne jegliche Mythen und Klischees erfahren wollen. Warme Kleidung und festes Schuhwerk wird dringend empfohlen!

Salem Kids Tours

Mit Kindern zu reisen kann oft stressig sein. Mal zu laut, mal gelangweilt – es ist oft schwer, den Kleinen Geschichte näherzubringen. Dafür gibt es die Salem Kids Tours. Die einstündigen Wanderungen mit lizenzierten, kostümierten Führern machen Spaß und sind gleichzeitig informativ. Die erzählten Geschichten über die Hexenprozesse von 1692, ein vermisstes Schiff und mysteriöse Friedhöfe unterhalten Groß und Klein, Fragen werden leicht und spielerisch erklärt. Die Rundgänge finden immer am Wochenende von 9:00 bis 13:00 Uhr statt und kosten für Erwachsene $12, für Kinder $10, die gut investiert sind.

KUNST IN SALEM

Peabody Essex Museum

Auch wenn Sie ein großer Kunstfreund sind, lässt Salem Sie nicht hängen. Die erste Adresse für Kunstliebhaber ist das 1799 gegründete Peabody-Essex-Museum in der 161 Essex Street. Dieses Museum gehört zu den am schnellsten wachsenden Kunstsammlungen Amerikas, da ständig neue Werke zur bereits umfangreichen Sammlung hinzukommen. Erwachsene zahlen zwar einen etwas hohen Preis von 20$, während Kinder unter 16 Jahren freien Eintritt haben, es lohnt sich aber durchaus für einen Halb- oder Ganztagsausflug.

Das Museum behandelt vor allem die Geschichte des Handels in Neuengland und legt besonderen Fokus auf die Beziehungen zu China und der Region Huizhou. Es gibt immer wieder neue Ausstellungen mit Gemälden, Fotos, Artefakten und Zeichnungen aus den verschiedensten Regionen der Welt. Wer also mal eine Pause von den Hexenprozessen machen möchte, ist hier richtig aufgehoben! Die Räume des Museums sind sehr groß und hell und laden dazu ein, gemütlich umherzuschlendern und jedes Kunstwerk von allen Seiten zu betrachten. Fast jede Form der visuellen Kunst ist vertreten: es gibt Kunst-werke, die aus Lichtinstallationen bestehen, Minia-turboote, Mosaike, exzentrische Kleidungsstücke, verschiedenste Architektur, Glasbläserei, Holzbau-ten, Möbel und vieles, vieles mehr.

Moderne Kunst zum Anfassen! Am faszinie-rendsten ist wohl das zweihundert Jahre alte Stammhaus der Familie Huang, das von der chinesi-schen Region Huizhou nach Salem gebracht und wie-der zusammengesetzt wurde. Andere historische Häuser, die die Besucher bestaunen können, sind zum Beispiel das John Ward House von 1684, das Crowninshield-Bentley House von 1727 und das Gardner-Pingree-Backsteinhaus von 1804, welche allesamt durch außergewöhnliche Architektur auf-fallen. Zudem gibt es immer wieder auch interaktive Ausstellungen und kleine Workshops, in denen man seiner Kreativität freien Lauf lassen kann.

Das Museum ist zudem sehr kinderfreundlich, es gibt oft spezielle Veranstaltungen für Familien, in denen den Kleinen spielerisch beigebracht wird, wie viel Spaß Kunst machen kann. Außerdem sollten Sie das Atrium Café des Peabody Museums besuchen; dort gibt es leckere Kuchen und Erfrischungen.

Punto Urban Art Museum

Fünf Minuten von der Innenstadt entfernt, befindet sich ein weiterer einzigartiger Hotspot für Kunstfreunde, von dem viele Touristen gar nichts wissen: das Punto Urban Art Museum. Dabei handelt es sich um ein Freilichtmuseum mit 85 großformatigen Wandgemälden von über 40 weltberühmten Künstlern, das quasi das ganze Jahr geöffnet hat und für jeden kostenlos zu besichtigen ist.

Dieser besondere Ort besticht durch seine kreativen, sehr modernen Motive, die oft an Graffitis erinnern. Das Museum wurde gegründet, um die sozioökonomische Barriere zwischen der dominikanischen Nachbarschaft im Point-Bezirk und dem Rest von Salem und der Nordküste zu überwinden, die sich leider über Jahrzehnte aufgebaut hat.

Durch die „Kunst in der Nachbarschaft" soll bewirkt werden, dass mehr Leute Point besuchen und es als einen wichtigen Teil der Stadt betrachten. Es handelt sich also um ein Herzensprojekt, das von vielen talentierten Künstlern unterstützt wird. Die Gemälde schmücken hauptsächlich Hausfassaden. Sie machen also einen Spaziergang durch die Nachbarschaft an der frischen Luft und können gleichzeitig riesige Kunstwerke bestaunen. Hinter jeder Ecke verbirgt sich ein neues Gemälde, immer in einem anderen Stil als das vorherige, immer bunt und aufregend. Vor allem für Erinnerungsbilder eignet sich das Punto Urban Art Museum perfekt, da es tolle Motive bietet, von dem sonst kaum ein Besucher etwas weiß.

Salem Art Association

Last but not least sollte auch noch die Salem Art Association erwähnt werden, eine ehrenamtliche, gemeinnützige Organisation, die hauptsächlich Ausstellungen lokaler Künstler der North Shore von Boston fördert. Die Galerie befindet sich seit kurzem in der 159 Derby Street und beinhaltet auch einen Shop, in dem allerlei Kunst erworben werden kann. Samstags und sonntags kann die Salem Art Association von 12:00 bis 18:00 Uhr besichtigt werden, also perfekt für einen kleinen Wochenendausflug. In regelmäßigen Ausstellungen zeigen Künstler aus der Umgebung ihr Talent und bieten viele ihrer Kunstwerke auch zum Verkauf an – die Chance, ein ganz besonderes Souvenir für das heimatliche Wohnzimmer zu ergattern. Viele der Aussteller lassen in ihre Gemälde vor allem die Liebe zu ihrer Heimatstadt einfließen und erzählen begeistert über ihre Werke. In dieser Ausstellung erwartet Sie stets eine freundliche, ungezwungene Atmosphäre, die Sie den geschäftigen Trubel der Essex Street glatt vergessen lässt.

Festivals

In Salem finden jedes Jahr spannende Festivals statt, die natürlich auch von Touristen besucht werden können. Hier eine kleine Liste von immer wiederkehrenden Festivals, nach denen Sie sich vor Ihrer Ankunft erkundigen sollten:

Salem Film Fest
Beim Salem Film Fest werden Filme von aufstrebenden Filmschaffenden Neuenglands gezeigt und bewertet. Es werden Preise in verschiedenen Kategorien verliehen, gleichzeitig gibt es einige spannende Vorträge zum Thema Film sowie Partys.

Salem Arts Festival

Das Salem Arts Festival verwandelt Salem jedes Jahr an drei Tagen im Sommer in einen Hotspot für lokale Künstler, die ihr Talent in Kunstausstellungen präsentieren. Dazu gibt es Freiluftaufführungen, interaktive Kunstpräsentationen und Workshops. Es gibt viele Essensstände, Kunstwerke können auch erworben werden.

Salem Haunted Happenings

Das berühmteste Festival in Salem! Jedes Halloween werden die amerikanischen Traditionen des Festtags zelebriert, über 25.000 Menschen besuchen die Haunted Happenings jährlich. Es gibt Paraden, Familienfilmabende, Kostümbälle, spezielle Angebote von Spukhäusern und Museen sowie Live-Musik und Theatervorstellungen.

Salem Holiday Happenings

Fast genauso große Ausmaße nehmen die Salem Holiday Happenings an – denn auch Weihnachten und Neujahr werden in Salem gebührend gefeiert, mit viel Essen, Shopping und Musik.

Salem Spice Festival

Salems vier Jahrhunderte alte Geschichte von Kräutern, Gewürzen und Tee wird im Rahmen des Spice Festivals im Herbst gefeiert. Es gibt viele exotische Gewürze zu kaufen, außerdem traditionelle Musik aus Kolonialzeiten, Kochvorführungen am offenen Herd, Spiele und Vorträge.

Salem Jazz & Soul Festival

In den 1920er Jahren etablierte sich in Salem Willows erstmals die Jazzszene und lebt seit ein paar Jahren bei den Jazz & Soul Festivals wieder auf. Auch Soul, Blues und Funk sind vertreten. Ein tolles Festival im Sommer für die ganze Familie, währenddessen lokale und angereiste Musiker zeigen, was sie draufhaben.

Shops

Für viele gehört Shopping zum Urlaub dazu: Mitbringsel für Familie und Freunde, Souvenirs fürs eigene Heim oder einfach eine schöne Kleinigkeit, die man sich selbst gönnt. In Salem gibt es viele schöne Geschäfte, die Magisches, Leckeres und Schönes anbieten – die beliebtesten und auch ein paar Geheimtipps stelle ich Ihnen jetzt vor.

Hex: Old World Witchery

Bei Hex Old World Witchery in der 246 Essex Street bekommen Hexen und Neugierige jede magische Ware, die man für den Alltag gebrauchen kann. Segen bringende Kerzen, magische Kräuter und

Wurzeln, Liebestränke, Ritualwerkzeuge, Voodoo-Puppen von echten praktizierenden Hexern oder schützende Amulette – in diesem schönen Laden kommt man sich vor wie in einem Harry Potter Roman. Sehr schön ist auch der hauseigene Hexenaltar auf der linken Seite, an dem im Laufe der Jahre unzählige Besucher Botschaften, Fotos und Erinnerungen an verstorbene Angehörige und geliebte Menschen hinterlassen haben. Und wenn Sie schon einmal da sind, lassen Sie sich doch direkt Ihre Zukunft vorhersagen! Leanna Marrama, Laure Broderick und Kyri Spencer zählen zu den talentiertesten Hexen Salems und geben ausführliche Handlesungen, legen Karten, kommunizieren mit Verstorbenen oder lesen aus Teetassen. Wieso also nicht mal etwas wirklich Magisches ausprobieren?

Ye Olde Pepper Company
Die Olde Pepper Company in Salem ist Amerikas älteste Süßwarenfabrik und besteht seit 1806. Das hellblaue Haus steht in der 122 Derby Street direkt gegenüber des House of Seven Gables und lockt Besucher aus nah und fern an, die hier die berühmten Süßigkeiten "Salem Gibraltar" und "Blackjacks" kaufen, aber auch Pralinen, Fudges (Karamellbonbons),

Toffees und andere süße Verführungen, die typisch amerikanisch sind. Besonders empfehlenswert sind die Coconut Snowballs, die mit Zitrone, Erdbeere oder gesalzenem Karamell gefüllte Schokolade, und Trüffel. Hier werden Sie mit Sicherheit stundenlang im riesigen Sortiment wühlen und die leckersten Kleinigkeiten finden, für sich oder für Ihre Lieben.

Cheese Shop of Salem
Für Feinschmecker eignet sich ebenfalls der Cheese Shop of Salem in der 45 Lafayette Street. Hier gibt es eine hervorragende Auswahl an Käse, Crackern und Wein. Das Personal des Cheese Shops ist freundlich und kompetent, es erzählt Ihnen gerne etwas über die große Auswahl an Genuss, die das Geschäft bietet und berät Sie bei der Kaufentscheidung. Welcher Käse passt am besten zu dem von Ihnen ausgewählten Wein oder andersherum? Ihnen wird kompetente und effiziente Beratung geboten, während Sie in dem hellen Laden zu Kostproben hingezogen werden. Qualität und Beratung stehen hier ganz klar an erster Stelle. Nutzen Sie also die Chance und besuchen Sie den Cheese Shop of Salem, um sich etwas ganz Besonderes abseits des Touristengeschäfts zu gönnen.

Emporium 32

Ein weiterer wunderschöner Laden ist das Emporium 32 in der 6 Central Street. Diese familiengeführte Boutique im Herzen der Innenstadt zeichnet sich durch ihren schönen historischen Stil aus und hat sich auf Produkte im Vintage spezialisiert. Handgemachter Schmuck, Accessoires, Geschenke, Pflegeprodukte, elegante Kleidung und vor allem Hüte werden angeboten.

Die Wände des Backsteinhauses sind mit künstlerischen Drucken geschmückt, der Boden besteht aus Steinplatten im Schachbrettmuster und die vielen viktorianischen Gegenstände und Artikel versprühen einen ganz besonderen Charme. Wer sich nicht sicher ist, welcher Hut oder welche Kette ihm steht, kann sich auf die gründliche und geduldige Beratung der Mitarbeiter verlassen. Das Emporium 32 gehört damit zu den für Salem typischen kleinen besonderen Läden, die man am liebsten komplett mit nach Hause nehmen möchte.

Wynott's Wands

Auf den ersten Blick fast zu übersehen ist das Wynott's Wands in der 75 Wharf Street, ein Geschäft im Stil des Ollivander Zauberstabladens der Harry

Potter Reihe. Wenn Sie Fan der Bücher von J.K. Rowling sind oder die Filme mögen, müssen Sie Wynott's Wands auf jeden Fall besuchen. Der kleine Laden ist mit viel Liebe eingerichtet und neben handgemachten Zauberstäben gibt es hier auch Notizbücher und Schreibfedern.

Was den Laden am sympathischsten macht sind die Eigentümer: Sie können zu jedem Zauberstab detaillierte Geschichten über dessen Herkunft und Eigenschaften erzählen, was insbesondere Kinder begeistert. Aber auch Erwachsene können es kaum vermeiden, sich von diesem magischen Geschäft in seinen Bann ziehen zu lassen, ob Harry Potter Fan oder nicht.

The Marble Faun Books & Gifts
Ganz in der Nähe, in der 102 Wharf Street, liegt der Marble Faun Books & Gifts Geschenkeladen, in dem es seit 2013 ebenfalls viktorianische bzw. vintage Geschenke zu kaufen gibt. Viele der angebotenen Artikel werden von den Ladenbesitzern selbst hergestellt so wie Schmuck, Lesezeichen, Schreibsets und hübsche Grußkarten. Besonders in Sachen Literatur kann Marble Faun mit viel aufwarten: In der Buchabteilung gibt es Klassiker, Humor-, Horror-,

Steampunk-, Geschichtsliteratur und andere Bücher, darunter auch antike Exemplare. Viele der ansonsten angebotenen Artikel beschäftigen sich ebenfalls mit Literatur, es gibt viele Fanartikel zu Jane Austen, Edgar Allan Poe, Sherlock Holmes und auch Nathaniel Hawthorne. Darüber hinaus werden Tee, Kerzen, Seifen, Lotionen, Schlüsselanhänger, viktorianische Broschen und anderer hübscher Krimskrams angeboten. Der perfekte Laden also, um für jeden Ihrer Freunde und Familienmitglieder zu Hause eine Kleinigkeit zu finden.

J. Mode

Wer sich als Erinnerung an Salem lieber ein neues modisches Kleidungsstück zulegen möchte, ist mit der J. Mode Boutique gut beraten. Sie befindet sich in der 17 Front Street und bietet zeitgenössische Alltagsmode an, bezaubernden Schmuck und Accessoires. Die Besitzerin der Boutique Janet Barsanti und ihre Mitarbeiterinnen haben sich seit der Gründung des Ladens 2007 einen treuen Kundenstamm erworben und sind auch bei Touristen auf Grund ihrer freundlichen und unterstützenden Beratung beliebt.

Top 3 Restaurants

Kulinarischer Genuss darf bei einer Amerikareise natürlich nicht fehlen. In Salem werden Sie auf viele Restaurants stoßen, die über die Stadtgrenzen hinaus beliebt sind und die unterschiedlichsten Gerichte servieren. Erfahren Sie nun etwas über die Top 3 Restaurants in Salem, die Sie sich nicht entgehen lassen dürfen.

FISCH – SEA LEVEL OYSTER BAR

Da Salem eine Hafenstadt ist bietet es sich an, die Spezialitäten in Sachen Fisch einmal zu probieren. Das richtige Ambiente für eine solche Verköstigung bietet die Sea Level Oyster Bar in der 94 Wharf Street, die direkt am Wasser gelegen ist und einen herrlichen Ausblick auf den alten Hafen bietet. Abgesehen von der rustikal charmanten Einrichtung überzeugt das Essen. Die Karte der Sea Level Oyster Bar bietet viele leckere Fischgerichte an, darunter gebackene Austern und Sandwichs mit gebratenem Kabeljau oder Hummer.

Es gibt aber auch typisch amerikanische Gerichte wie gegrillte Käsesandwichs oder Steaks. Die Getränkekarte kann mit über 20 Biersorten und verschiedenen hausgemachten Cocktails aufwarten. Gäste der Bar loben die Gerichte in den höchsten Tönen und lieben vor allem die lockere Atmosphäre des Restaurants. An sonnigen Tagen können die Mahlzeiten auch auf der breiten Terrasse eingenommen werden, von der aus man den Hafen noch besser sehen kann. Die Sea Level Oyster Bar ist an sieben Tagen in der Woche von 11:30 bis Mitternacht geöffnet und liegt preislich im Mittelbereich.

Während Salate für $8 bis $11 angeboten werden, kosten die Hauptgerichte durchschnittlich $15 bis $20.

AMERICAN BREAKFAST & LUNCH – RED'S SANDWICH SHOP

Wenn man Salems Bewohner nach ihrem Lieblingsrestaurant in der Innenstadt fragt, sprechen sich viele sofort für das Red's aus, ein klassisch amerikanisches Restaurant in der 15 Central Street. Direkt an mehreren Hotspots gelegen und gut zu erreichen, zieht das Red's nicht nur Touristen, sondern auch viele Einheimische an, die bereits wissen, was sie in dem 1698 erbauten historischen London Coffeehouse erwartet; riesige Portionen zu schmalen Preisen, viel Deftiges und Süßes und eine gemütliche Atmosphäre. Neben Mittagsmenüs, bei denen Salate, Sandwiches, Suppen, Burger, Fisch und Nudelgerichte angeboten werden, kann den ganzen Tag über Frühstück bestellt werden. Und das kann sich mit seinen tellergroßen Pancakes, hausgemachten Marmeladen oder wahlweise großen Portionen Eiern und Speck wirklich sehen lassen. Seit über 50

Jahren besteht dieses rustikale Restaurant nun schon und kann sich zu den beliebtesten Lokalen Salems zählen. Der Red's Sandwich Shop ist von Montag bis Samstag von 5:00 Uhr morgens bis 15:00 Uhr geöffnet, sonntags von 06:00 Uhr morgens bis 13:00 Uhr. Besonders zu empfehlen sind die täglichen Lunch-Specials, dank denen man für $6.95 hausgemachte Spezialitäten genießen kann und garantiert satt wird.

COCKTAILS, SUSHI, ENTERTAINMENT – OPUS

Nicht so alt wie das Red's, doch mittlerweile zu einem der besten Restaurants der Stadt erblüht, lädt das Opus in der 87 Washington Street zum Speisen, Trinken und Feiern ein. Das progressive und moderne Restaurant zeichnet sich vor allem durch seine Vielfalt aus: Montagmittag können Sie in Ruhe ein leckeres Mittagessen zu sich nehmen und Freitagabend mit Cocktails und Livemusik den Abend ausklingen lassen. Gäste loben vor allem das Sushi von Opus. Die Gastronomie hat ein eigenes Sushi-Team, das sich auf einzigartige

Geschmackskombinationen spezialisiert hat. Der Speisesaal im Obergeschoss ist um eine große, wunderschön leuchtende Glasbar angeordnet, das Herzstück von Opus. Hier können leckere Drinks, aber auch komplette Drei-Gänge-Menüs eingenommen werden. Im Untergeschoss, dem so genannten Opus Underground, gibt es an mehreren Abenden in der Woche Events, hauptsächlich Livemusik.

Der Opus Underground ist im orientalischen Stil eingerichtet. Die gemütlichen Sitzgelegenheiten, die gedämmten Lichter und vielen Teppiche erzeugen eine einzigartig intime Atmosphäre. Eine Seite von Salem, die man auf den ersten Blick wahrscheinlich nicht vermuten würde, auf die man sich aber auf jeden Fall einmal einlassen sollte. Neben Sushi gibt es noch allerhand andere Gerichte, wie die Schweinefleisch Tacos in Tamarinden-Barbecuesauce serviert mit Rotkohl und Koriander.

Auch Vegetarier und Veganer können hier leicht ein leckeres Gericht finden, es gibt nämlich wechselnde fleischlose Gerichte im Spezialmenü. Zu empfehlen ist vor allem das Kokos-Curry-Tofu mit Frühlingszwiebel-Ingwer-Reis und saisonalem Gemüse. Preislich ist das durch viele Awards gewürdigte

Opus etwas gehobener, kann aber nicht als überteuert bezeichnet werden. Wenn Sie sich ein Mittagessen, eine kleine Vorspeise und einen Cocktail bestellen, sollten sie mit knapp $30 bis $40 rechnen.

Top 3 Cafés

Was gibt es schöneres, als sich nach einem aufregenden Tag in der Stadt mit Besichtigungen, Führungen und Shopping in ein gemütliches Café zu setzen und bei einer Tasse Cappuccino und vielleicht noch einem wohlverdienten Stück Kuchen zu entspannen? Ich stelle Ihnen nun die Top 3 Cafés in Salem vor, in denen man leckeren Kaffee genießen und relaxen kann.

JOLIE TEA COMPANY

Ein bezaubernder Duft umhüllt Sie, sobald Sie das Geschäft betreten haben, das von außen so märchenhaft und einladend aussieht. Die gepolsterten Bänke und mit Blumen verzierten Tapeten lassen Sie sofort an Alice im Wunderland denken. Das ist die Jolie Tea Company. Wenn Sie Fan von wunderschön eingerichteten Cafés sind, sollten Sie dieses in der 105 Essex Street besuchen.

Hier gibt es neben Kaffee eine nahezu endlose Auswahl an verschiedenen Teesorten, die im Café selbst getrunken oder für zu Hause gekauft werden können. Die von klassisch bis exotisch reichenden Tees sind in Kategorien eingeteilt, so gibt es beispielsweise die „Versailles Teas" oder die „Enchanting Winter Teas", die nach ihrem Namen eher fruchtig, herb, süß oder mild sind. Für jeden Geschmack ist etwas dabei!

Eine weitere Spezialität sind die Macarons der Jolie Tea Company sowie diverse andere Backwaren, die perfekt zu den leckeren heißen oder kalten Tees passen. Leider ist das Café nicht allzu groß, aber mit etwas Glück können Sie einen der begehrten Fensterplätze ergattern. Immer mal wieder gibt es Events und die „Friday Tea Tastings", bei denen sich alles rund um das Thema Tee dreht. Ein bezaubernder Laden, der Ihnen den Stress förmlich von der Seele wischt.

MARIA'S SWEET SOMETHINGS

In der 26 Front Street erwartet Sie ein Café, das Ihnen nach Ihrem Besuch mit Sicherheit im Gedächtnis bleiben wird: das Maria's Sweet Somethings. Dieser quirlige, kunterbunte und verrückt eingerichtete Laden bietet neben köstlicher Eiscreme auch Schokoladenmousse, Joghurt, dicken Kakao, süße Brezeln und vieles mehr an. Während man diese zuckersüßen Versuchungen drinnen oder draußen zu sich nimmt, kann man die leuchtenden Dekorationen und niedlichen Figuren betrachten, die überall stehen oder liegen oder hängen.

Das Maria's Sweet Somethings bietet für wenig Geld ein verspieltes und angenehm kindliches Ambiente, das zum stundenlangen Sitzen und Unterhalten einlädt. Im Geschenkeshop finden sich allerhand Krimskrams und Souvenirs, darunter kleine Lampen und Hexenhüte – typisch Salem eben. Das Café ist hauptsächlich in Familienbesitz und man spürt, dass sich die Angestellten mit viel Hingabe und Liebe um ihre Gäste kümmern. Wer also auf der Front Street unterwegs ist, Lust auf etwas Süßes hat und sich vom bunten Schaufenster des Maria's Sweet Somethings angezogen fühlt, sollte sich nicht scheuen, einen Blick oder zwei hineinzuwerfen.

COFFEE TIME BAKE SHOP

Auch der Coffee Time Bake Shop in der 96 Bridge Street in Salem gehört zu den besten Cafés der Umgebung. Der Familienbetrieb ist die ganze Woche von 5:00 bis 23:00 Uhr geöffnet und seine Theke verzückt mit Krapfen, frischen Ei-Eclairs, Erdbeerkuchen, hausgemachten Muffins und Donuts sowie frischem Kaffee. Von $2 bis $9 bekommt man in dieser Bäckerei alles, was das Herz an Desserts begehrt, und das schon seit über 30 Jahren. Touristen und vor allem auch Einheimische verstehen den Coffee Time Bake Shop als festen Bestandteil des Bezirks und vertrauen auf die Qualität der Backwaren. Im Sommer sollten Sie vor allem die Spezialgetränke probieren: Fresh Squeezed Raspberry Lime Rickeys,

Smoothies, Frozen Hot Chocolate und andere. Der Laden bietet außerdem deftiges amerikanisches Frühstück mit Speck, Eiern, Croissants und English Muffins an.

Und, wird es nun Salem..?

D as ist es also: Salem, Essex County, Massachusetts. Und trotzdem ist es das nicht
ganz. Denn es gibt noch so viel zu sehen, so
viel zu erleben, so viele Leute, mit denen man sich
austauschen und Orte, die man entdecken kann. Salem ist nicht die größte oder berühmteste Stadt
Amerikas, aber mit Sicherheit eine der interessantesten und facettenreichsten. Natürlich gibt es in der
„Hexen-Stadt" viele gruselige Attraktionen und typisch amerikanisch klischeehafte Geschäfte und

Touren, aber gerade das gehört zum Reiz der Stadt. Das Annehmen der eigenen Geschichte, die Aufarbeitung der schrecklichen Ereignisse von 1692 in Museen und Ausstellungen sowie der verspielte, ironische Umgang mit dem, was die Menschen seit jeher am meisten fasziniert: das Magische, das Mystische und Schaurige. Nicht viele Orte auf der Welt schaffen es, so leichtfertig und gleichzeitig aufklärend mit der eigenen Vergangenheit umzugehen und über die Jahre immer wieder Neues in dieser Hinsicht anzubieten. Gerade in der heutigen Zeit, in der Ausgrenzung und Benachteiligung von Minderheiten leider immer wieder ein Thema sind, sollte man sich die Vergangenheit ab und zu ins Gedächtnis rufen und aus ihr lernen. Salem gehört übrigens zu den LGBTO-freundlichsten Orten des Landes und hat von der Human Rights Campaign ein perfektes Ergebnis im Equality Index Report bekommen.

Wer Salem erlebt, wird es nie mehr vergessen und immer mit einem wohligen Gefühl an diese verhexte Stadt denken - an nette Wahrsagerinnen, beeindruckende Kunst, geheimnisvolle Krämer und Spaziergänge um jahrhundertealte Häuser.

Ich hoffe, dass Sie in diesem Ratgeber einige

nützliche Tipps mitnehmen konnten und sich schon bald auf die Reise machen. Nicht nach New York, nicht nach Los Angeles. Nein, nach Salem!

Packliste

Geld & Finanzen

O (evtl.) Auslandswährung
O Bargeld
O Bauchtasche
O Brustbeutel
O Bauchtasche
O EC-Karte
O Kreditkarte
O Notfall-Telefonnummern der Banken
O Portmonee

Hygiene

O Haarbürste / Kamm
O Deo (klein)
O Shampoo
O Kulturtasche
O Sonnencreme
O Taschentücher

O Reise-Zahnbürste und Zahnpasta
O Verhütungsmittel

Kleidung

O Badeklamotten
O Gürtel
O Hosen kurz / lang
O Mütze / Cap / Hut
O Pullover
O Regenjacke
O Schlafanzug
O Socken
O Sonnenbrille
O Sportklamotten / Jogginghose
O T-Shirts
O Unterwäsche

Medikamente

O Blasenpflaster
O Anti-Durchfalltabletten
O Erste-Hilfe-Set

O Fiebertabletten

O Fiebertabletten

O Mückenschutz

O sonstige Medikamente

O Pflaster

O Kopfschmerztabletten

Unterlagen & Papiere

O ADAC Unterlagen

O Adresslisten für Postkarten

O Krankversicherungsnachweis

O Stadtplan

O Führerschein

O Unterlagen für die Unterkunft

O Wasserdichte Hülle für Reiseunterlagen

O Impfausweis

O Mietwagenunterlagen

O Personalausweis

O Reisepass

O Reisetagebuch

O evtl. Studentenausweis

O evtl. Visum
O Zug- / Bahn- / Flugticket

Taschen & Rucksäcke

O Koffer / Trolley / Reisetasche
O Regenhülle für Rucksack
O Rucksack

Schuhe

O Badeschlappen / Hausschuhe
O Schuhe und Wechselschuhe

Sonstiges

O Brille / Kontaktlinsen und Etui
O Buch zum Lesen
O Ohrenstöpsel und Schlafmaske
O Regenschirm
O Reisedecke
O Wasserflasche
O Wörterbuch

Elektronik

O Digitalkamera
O Handy
O Ladekabel
O Kopfhörer
O evtl. Steckdosenadapter
O Power-Bank

Herstellung und Verlag:

BoD – Books on Demand, Norderstedt

ISBN: 9783750487185

1. Auflage

Kontakt: Psiana eCom UG/ Berumer Str. 44/ 26844 Jemgum

Covergestaltung: Fenna Larsson

Coverfoto: depositphotos.com